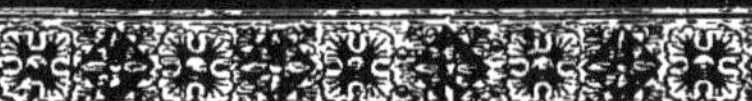

CATALOGUE

DES

TABLEAUX,

Aquarelles, Lavis, et Dessins,

De la Collection

DE

M. René Beauboeuf.

A PARIS,

Au Magasin de Papiers, Bordures et Couleurs fines,

RUE DU MARCHÉ-DES-JACOBINS, N°. 3.

1829.

A. CONIAM,
Faub. Montmartre, n. 4.

CATALOGUE

DES

TABLEAUX,

Aquarelles, Lavis, et Dessins,

DE

Mr. René Beauboeuf.

A PARIS,

Au Magasin de Papiers, Bordures et Couleurs fines,

RUE DU MARCHÉ-DES-JACOBINS, No. 3.

1829.

DE L'IMPRIMERIE DE A. CONIAM,
RUE DU FAUBOURG MONTMARTRE, N°. 4.

AVIS.

Elève de MM. Dècle et Alph. Giroux, j'ai ouvert depuis quelques années un magasin à l'instar des leurs; et m'étant attaché comme eux à l'excellente qualité des marchandises et des travaux opérés chez moi, j'ai dû voir mes efforts couronnés de succès et accroître mes moyens d'utilité envers le public.

J'ai donc formé une collection choisie de tableaux, dessins et lavis des meilleurs maîtres de l'école moderne, que j'offre en location aux artistes, élèves et amateurs, à des prix modérés, et dont le présent Catalogue donne la description.

On trouvera toujours chez moi un magasin de bordures et de cadres dans le plus nouveau goût. Glaces, ivoires, palettes, couleurs fines françaises et anglaises, encre de Chine, pinceaux, crayons divers. Véritable sepia de Rome. Bel assortiment d'albums, livres de croquis cartons tendus, porte-feuille à dessin, stirators, porte-originaux, chevalets, objets de fantaisie et en général toute espèce d'articles relatifs à tous les genres de dessin, de lavis et de peinture.

Magasin de papiers français et étrangers, pour le service des artistes, architectes, administrations, et collèges. Fourniture générale des bureaux.

Je me charge toujours des encadremens en tout genre, du nétoyage des gravures endommagées auxquelles je remets des marges, et de la restauration des tableaux anciens et modernes.

J'expédie en province et à l'étranger.

Les personnes qui voudront bien me favoriser de leurs ordres trouveront dans leurs relations avec moi tous les avantages qu'elles ont droit d'attendre, et je mettrai tous mes soins à ce que la confiance dont elles m'honoreront ne soit jamais trompée.

RÉNÉ BEAUBOEUF.

ABRÉVIATIONS.

TAB	Tableau.
MIN.	Miniature.
AQ.	Aquarelle.
SEP.	Sepia.
E. DE Ch	Encre de Chine.
GOUA.	Gouache.
DESS.	Dessin.
FIG.	Figure.
ARCH.	Architecture.
PAY.	Paysage.
MAR	Marine.
T.	Toile.
B.	Bois.
C.	Cuivre.
F. C.	Fixé carré.
F. O.	Fixé ovale.
F. R.	Fixé rond.
DIAM.	Diamètre.

NOTA. Dans les dimensions, la hauteur précède toujours la largeur; l'une est séparée de l'autre par deux tirets. Un seul tiret sépare les pouces des lignes, et toutes les mesures sont calculées par pouces et par lignes.

Description.

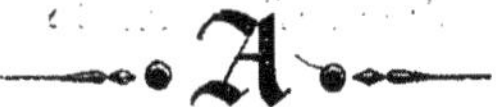

A

M. ADAM.

1. *Marche militaire.*

Des troupes défilent dans une chaîne de montagnes; elles sont suivies d'une ambulance qu'accompagne une vivandière montée sur un cheval rétif. La crainte qu'elle laisse voir excite l'hilarité des soldats témoins de cette scène.

Tab. — Fig. — T. — 14. = 17,

B

M. BEAUME.

2. *L'Incendie.*

Un parti de cosaques vient d'attaquer un hameau et d'y mettre le feu. Les paysans et les gardes-chasses armés de fusils, en embuscade sur des hauteurs, braquent leurs armes sur l'ennemi commun, tandis qu'une pauvre mère, chassée de son habitation, presse contre elle ses deux enfans effrayés par la détonnation des coups de feu.

Tab. — Fig. — T. — 20 = 17.

3. *Le Chat favori.*

Intérieur rustique dans lequel une villageoise assise devant son foyer, s'amuse de ses deux enfans qui jouent avec un chat.

Tab. — Fig. — T. — 20 = 17.

M. BERTIN.

4. *La Prêtresse.*

Site d'Italie hérissé de montagnes sourcilleuses et boisées, dont le pied est arrosé par un lac et décoré d'une fabrique. Diverses figures vêtues à l'antique parcourent cette campagne riante. On remarque sur le premier plan, une prêtresse assise sur un tertre devant plusieurs personnages auxquels elle prédit l'avenir et explique un oracle.

Tab. — Pay. — T. — 12 = 15.

M. BIDAULT.

5. *Actéon.*

Sous un joli couvert, au milieu d'une forêt, coule une rivière où Diane et ses nymphes sont venues se baigner. A la vue du chasseur Actéon, les baigneuses prennent la fuite, se lancent à l'eau ou se cachent dans les herbages; d'autres s'empressent de voiler la déesse; mais Diane a fait un geste, et l'imprudent Actéon, changé en cerf, se retire poursuivi par ses chiens qui le méconnaissent.

Tab. — Pay. — T. — 9 = 12.

M. BOYENVAL.

6. *Vue de Crespy.*

Bâtimens du moulin de Crespy baigné par une rivière, où deux pêcheurs dans un batelet retirent un filet qui paraît fort lourd. Le garde-moulin, les bras croisés, les regarde de la porte, tandis que le meunier aidé de sa ménagère, charge un âne d'un sac de farine. On découvre à gauche une jolie campagne qui s'étend jusqu'à l'horizon.

Tab. — *Pay.* — *T.* — 17 = 20 — 6.

7. *Le Moine endormi.*

Louis XI visitant un abbaye, remarque un moine assis sur un banc de pierre et profondément endormi; il le montre aux gens de sa suite et laisse au dormeur une bourse pleine d'or qu'il a déposée près de lui.

Tab. — *Arch. et Fig.* — *T.* — 15 = 12.

8. *Le Moulin de Crespy.*

Vue du moulin de Crespy et des bâtimens y attenant. Le meunier fume sa pipe assis sur une pierre; un villageois gronde un enfant, et des garde-moulins transportent des sacs de blé et en chargent un âne qui brait. A gauche on découvre une campagne riante qui s'étend au loin.

Tab. — *Pay.* — *T.* — 14 = 17.

M. BRUNE.

9. *La Maisonnette.*

Elle est bâtie sur le bord d'une rivière que traverse un pont d'une arche et en pierres aboutissant à un tertre planté d'arbres. Diverses figures groupées çà et là animent ce site pittoresque borné à l'horizon par des montagnes.

Tab. — *Pay.* — *T.* — 9 = 12.

10. *Le Pont du Torrent.*

Un torrent se précipite entre deux masses de rochers qui soutiennent un pont sur lequel passent des pâtres et des chèvres. Non loin de là sur la droite et sur une élévation, on remarque une chapelle dont la porte est surmontée d'une croix.

Aq. — *Pay.* — 9 — 6 = 12.

11. *Le Chemin creux.*

Des villageois conversent dans un chemin creux pratiqué entre des rochers boisés, dont un supporte une habitation champêtre. Ce chemin conduit à un joli couvert d'arbres formant promenade publique.

Aq. — *Pay.* — 9 = 12 — 6.

12. *Belleville.*

Chemin de Ménilmontant à Belleville près Paris. Joli couvert d'arbres ombrageant une maisonnette en bois située près d'une haie.

Aq. — *Pay.* — 8 — 4 = 10 — 10.

13. *Morfontaine.*

Vue d'un pont de bois sous lequel coule un bras de rivière dans le parc de Morfontaine près Paris.

Aq. — *Pay.* — 7 — 2 = 9 — 3.

14. *Environs de Lyon.*

Cascade naturelle formée par une rivière contrariée dans son cours par l'inégalité de son lit. A droite, une fabrique; à gauche, un massif d'arbres. Au lointain la campagne. Ce site a été pris aux environs de Lyon.

Aq. — *Pay.* — 8 — 3 = 11 — 3.

15. *Site pittoresque.*

Paysage hérissé de montagnes au bas desquelles serpente une rivière. Plusieurs ponts rustiques formés par des planches sont jetés çà et là pour faciliter le passage.

Aq. — *Pay.* — 8 = 10 — 6.

16. *Le Torrent.*

Une chute d'eau naturelle qui s'échappe des montagnes, vient se précipiter entre des rochers sur lesquels elle retombe en cascade vis-à-vis un monticule boisé. Un pont rustique traverse ce torrent. Deux pâtres y conduisent une chèvre.

Sep. — *Pay.* — 8 — 4 = 11 — 3.

17. *Site de Fontainebleau.*

Intérieur de la forêt de Fontainebleau. Deux villageois qui passent dans un chemin sablonneux, considèrent un vieux chêne dépouillé d'une partie de son écorce.

Sep. — *Pay.* — 8 — 5 = 11.

18. *Un Bois.*

Étude de forêt prise dans les Vosges. Des villageois parcourent un chemin sablonneux au bord duquel est une mare d'eau.

Sep. — *Pay.* — 7 = 9.

M. BURTEL.

19. *Une Ferme.*

Vue extérieure des bâtimens d'une ferme sur le bord d'un chemin rural dont les alentours sont boisés. Une villageoise s'entretient avec un jeune garçon assis sur le bord d'une rivière guéable.

Tab. — Pay. — T. — 9 = 12.

20. *La Blanchisseuse.*

Habitation rustique attenant à une chaumière en ruine et bâtie sur le bord d'une prairie. Une villageoise y étend le linge qu'elle vient de blanchir. On aperçoit au loin le village voisin.

Tab. — Pay. — T. — 9 = 12.

21. *Site d'Italie.*

Au bord d'une rivière qui traverse un site boisé, et non loin d'une fabrique, trois villageoises italiennes ont apporté des paquets de linge qu'elles déposent au pied d'un tertre et qu'elles se disposent à blanchir.

Tab. — Pay. — T. — 10 = 13.

22. *Le Chemin Tournant.*

Un chemin tournant, percé au milieu d'une forêt, vient aboutir aux bâtimens d'une ferme auxquels on monte par un grand escalier de bois. Une servante y fait de l'herbe dont un villageois charge une brouette.

Tab. — Pay. — T. — 12 = 15.

C.

M. COIGNET.

23. *Ruines de l'Acqueduc.*

Site pittoresque pris d'après nature aux environs de Tivolí, campagne de Rome. On y remarque un vieil aqueduc en ruines vers lequel s'achemine un cavalier. Deux paysans s'y reposent. Un lac, environné de montagnes et bordé de massifs d'arbres, baigne la droite et s'étend au loin sous un ciel nuageux.

Tab. — *Pay.* — *T.* — 14 = 17.

24. *Les Alpes.*

Les eaux d'un canal baignent une vallée au pied des Hautes-Alpes, et aboutissent devant deux chalets ombragés de massifs d'arbres et entourés de verdure. Des pêcheurs disposent deux barques, et deux villageoises suisses gardent des vaches sur la rive.

Tab. — *Pay.* — *T.* — 12 = 15.

25. *Vue de Suisse.*

Site de l'Helvétie, borné à l'horizon par des montagnes, et où coule un torrent qui vient répandre ses eaux sur le premier plan. A gauche, un petit chalet s'élève auprès du regard d'un aqueduc. Deux femmes et des enfans s'y sont arrêtés.

Tab. — *Pay.* — *T.* — 12 = 15.

26. *La Chute d'eau.*

Vue d'une partie des montagnes de la Suisse, d'où s'échappe

une chute d'eau naturelle à travers des rochers hérissés de pins et de plantes sauvages.

Tab. — *Pay.* — *T.* — 15 = 12.

27. *La Campagne.*

Site villageois traversé par un chemin tournant bordé de prairies. Une paysanne qui s'y est arrêtée jase avec un jeune berger.

Aq. — *Pay.* — 6 = 8.

28. *Vue de Sicile.*

Vue des côtes de Sicile flanquées d'anciennes constructions qui tombent en ruines.

Aq. — *Mar.* — 6 — 8.

29. *Les Montagnes.*

Chemin creux pratiqué au milieu de deux chaînes de montagnes, dont l'une aride et l'autre boisée. Quelques cabanes de bois sont les seules habitations qu'on remarque dans ce site désert, qui n'est parcouru que par un pâtre précédé de son chien.

Sep. — *Pay.* — 4 — 9 = 6 — 8.

30. *Les Rochers.*

Un torrent qui s'échappe des montagnes, se précipite en deux nappes au milieu des rochers et vient promener ses eaux écumeuses, sur le premier plan, parmi les broussailles, les plantes et les arbustes épars sur le sol.

Sep. — *Pay.* — 9 = 6 — 5.

D

M. DEMARNE.

31. *Moulin à Eau.*

Vue d'un petit moulin à eau, dont la roue tourne au moyen d'une rigole. On arrive aux bâtimens par un petit chemin tournant aboutissant à un pont en planches sur lequel un homme dirige une brouette, tandis qu'un paysan assis sur l'herbe questionne une villageoise que suit une chèvre. A gauche, une riche prairie arrosée par la rivière est couverte de bestiaux qui paissent. De jolis lointains boisés terminent cette agréable composition.

Tab. — Pay. — T. — 9 = 12.

32. *Le Clos.*

Après avoir mis le foin en divers tas au milieu d'un clos, des faneurs se sont assis sous un bouquet de grands arbres pour s'y reposer un moment. Un chemin tournant, qui longe la haie de clôture, passe devant une station gothique, et aboutit à une marre qui baigne le premier plan. Un villageois y fait halte avec deux vaches, une chèvre et des moutons.

Tab. — Pay. — T. — 9 = 12.

DESTOUCHES.

33. *Clément Marot.*

Clément Marot, Valet de chambre de François Ier. et Page de Marguerite de France, Duchesse d'Alençon, chante ses poésies près de cette princesse qui l'accompagne sur une mandoline. Composition gracieuse, d'une exécution parfaite et d'un fini précieux.

Tab. — Fig. — T. — 26 — 19.

M. DUVAL.

34. *Le Vieux Pâtre.*

Sur une verte pelouse, non loin d'une chute d'eau naturelle, un vieux pâtre assis au pied d'un arbre adresse la parole à une ménagère portant un panier, et qui s'est arrêtée devant lui. Une vache et deux moutons couchés sur l'herbe attendent l'instant du retour à la ferme. Cette scène est couverte d'un ciel nuageux.

Tab. — Pay. et Fig. — T. — 9 = 12.

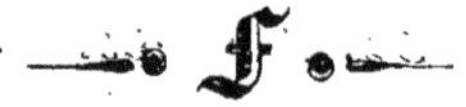

M. FLEURY.

35. *La Prison.*

Des femmes de mauvaise vie, arrêtées en Calabre avec des brigands, ont été jetées dans une prison où elles sont réunies. Les unes travaillent, les autres dorment, et l'une d'elles, la main appuyée sur l'épaule d'une vieille, semble attendre son jugement avec anxiété.

Tab. — Fig. — T. — 17 = 20.

36. *Le Brigand.*

Un brigand napolitain appuyé contre un rocher compte la

partie pécuniaire de son butin. Plus loin un autre paraît se diriger vers lui.

Tab. — *Fig.* — *T.* — 13 — 6 = 10 — 6.

37. *La Mandoline.*

Quelques grecs en embuscade sur des rochers. L'un d'eux pince de la mandoline et chante la délivrance de sa patrie.

Tab. — *Fig.* — *T.* — 12 — 8 = 9 — 10.

38. *L'Amorce.*

Un brigand napolitain assis sur une roche au bord de la mer, amorce son fusil.

Tab. — *Fig.* — *T.* — 12 = 9.

39. *Le Repos.*

Une femme de Mola di Gaëta, appuyée contre un rocher, a déposé à terre le vase qu'elle portait pour se reposer.

Tab. — *Fig.* — *T.* — 13 — 6 = 10 — 6.

40. *Le Refuge.*

Une jeune fille poursuivie dans une gorge de montagnes par des brigands napolitains, vient se précipiter dans les bras d'un religieux assis à la porte de son ermitage. Le saint homme qui la reçoit montre le ciel aux persécuteurs qui, saisis de crainte à son aspect, se précipitent à ses pieds et y déposent leurs armes.

Tab. — *Fig.* — *T.* — 15 = 12.

41. *Le Tambour de Basque.*

Des matelots italiens exécutent une danse sur la plage au son du tambour de basque. Un villageois appuyé sur un roc, et tenant un de ces instrumens, s'arrête pour les regarder.

Tab. — *Fig.* — *T.* — 13 — 6 = 10 — 6.

42. *La Fileuse.*

Deux femmes italiennes sont assises sur une terrasse décorée d'une madone et donnant sur le bord de la mer. L'une file au fuseau, tandis que l'autre berce un enfant au maillot.

Tab. — *Fig.* — *T.* — 15 = 12.

— G —

M. GENOD de (Lyon).

43. *La Bernoise.*

Une villageoise du canton de Berne est venue emplir deux vases à une fontaine rurale servie par une pompe. L'un de ses vases lui échappe et l'anse lui reste dans la main.

Tab. — *Fig.* — *T.* — 10 = 8.

M. GUDIN (Th.)

44. *Le Gros Temps.*

Pleine mer en vue d'un phare en ruines et par un gros temps. Une chaloupe battue par les vents cherche à gagner la côte; d'autres, au lointain, luttent contre les flots soulevés par l'ouragan.

Tab. — *Mar.* — *T.* — 12 = 17.

45. *Le calme plat.*

Etendue de mer calme qui se perd à l'horizon, et sur laquelle on distingue de loin en loin plusieurs barques de pêcheurs. Des matelots réunis sur la plage y conversent.

Tab. — *Mar.* — *T.* — 12 = 17.

M. GUET.

46. *Les matelots de Granville.*

Trois matelots au bord de la mer, et près du parapet d'une fortification, conversent ; le plus jeune, assis sur une pierre, tient une grande cuiller de fer pour remuer le goudron que contient un vase, d'où sort une épaisse fumée.

Tab. — *Fig.* — *T.* — 17 = 14.

47. *Le repas.*

Un vigneron de retour des champs, s'est assis dans son réduit rustique, devant une table pour y prendre son repas, il vient d'achever sa soupe, et sa ménagère lui a versé un verre de vin, qu'il se dispose à boire.

Tab. — *Fig.* — *T.* — 17 = 14.

48. *La Revendeuse.*

Une jeune marchande de sardines parcourt les rues une cloyère sur la tête, et crie sa marchandise.

Tab. — *Fig.* — *T.* — 13 — 6 = 10 — 6.

49. *Le nid d'oiseaux.*

Un cultivateur de retour à sa chaumière, y rapporte un nid de moineaux francs qu'il a trouvé en ébranchant les arbres. Ses deux enfans se précipitent à sa rencontre pour jouir les premiers de la vue de la petite famille. La maîtresse du logis, debout sur le seuil rustique, sourit à cette scène.

Tab. — *Fig.* — *T.* — 20 — 6 = 17.

50. *Le guet-à-pens.*

Un brigand italien, caché derrière un rocher, et armé d'un fusil, guette un voyageur qu'il aperçoit.

Tab. — Fig. — T. — 12 = 9.

51. *L'italienne.*

Une jeune villageoise italienne est venue puiser de l'eau à une fontaine rurale, elle attend que son vase soit empli.

Tab. — Fig. — T. — 12 = 9.

52. *Le Sommeil.*

Une villageoise en plein champ s'est endormie après le travail, sur un tas de foin : on remarque auprès d'elle une fourche, une bouteille de grès et un panier de provisions.

Tab. — Fig. — T. — 13 = 10.

53. *Les marchandes de marée.*

Des marchandes de marée arrêtées sur une plage, répondent aux questions d'une jeune pourvoyeuse, qui leur demande le prix du poisson qu'elles ont étalé sur le sable. Un matelot, debout devant une barque prend part à cette scène, en fumant sa pipe.

Tab. — Fig. — T. — 20 = 17.

M. GUINDRAND.

54. *Le Rivage.*

Étendue de mer légèrement agitée, près d'un rivage flanqué de rochers boisés, des barques y sont amarrées en attendant l'heure de la pêche. Une voiture couverte parcourt la plage, tandis que des matelots assis, tiennent conversation.

Tab. — Mar. — T. — 12 = 15.

55. *La Rade.*

Rade couverte de barques mâtées et abritées par une chaîne de rochers. Des bâtimens qu'on distingue au loin, en sortent, et gagnent le large. Des pêcheurs réunis sur la plage, y allument des feux et y conversent.

Tab. — *Mar.* — *T.* — 13 — 6 = 20 — 3.

56. *Route Napolitaine.*

Un chemin sablonneux conduit au bord de la mer dans un site des environs de Naples, ombragé par quelques massifs d'arbres, parmi lesquels on distingue des palmiers; un couple villageois s'y rencontre; un pâtre y chasse un troupeau.

Tab. — *Pay. et Mar.* — *T.* — 13 — 8 = 16 — 11.

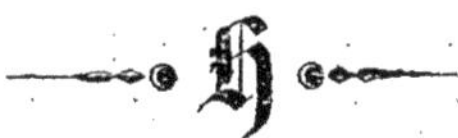

Mme. HAUDEBOURT-LESCOT.

57. *Retour du Matelot.*

Des villageois Italiens rassemblés sur une plage au bord de la mer, ont aperçu au loin un bâtiment portant les objets de leur affection. Deux barques se sont détachées de ce bâtiment, et l'ont devancé au gré de l'impatience des passagers. L'une des barques a touché le rivage; un jeune matelot en est sorti pour se précipiter dans les bras de sa jeune épouse et de sa fille, qui lui caresse la main. La seconde barque répond aux signaux des autres personnages, et s'approche d'eux en toute hâte.

Tab. — *Fig.* — *T.* — 20 = 17.

58. *Le calcul.*

Deux petits bateleurs, frère et sœur, arrêtés au bord d'une mare au milieu d'un bois, près de leur gagne-pain, comptent le produit de leur recette.

Tab. — *Fig.* — *T.* — 15 = 12.

M. HUBERT.

59. *La végétation.*

Paysage agreste, offrant l'aspect de terrains incultes, environnés de rochers, et où croissent des arbustes et des plantes; un pont de bois jeté sur un fossé sec, attient à une petite cabane.

Sep. — *Pay.* — 7 — 2 = 10 — 5.

60. *Le Hameau.*

Vue des premières maisons d'un hameau attenant à un petit bois bordé d'une haie. Un villageois assis sur une pierre, converse avec une laitière portant un pot sur sa tête.

Sep. — *Pay.* — 6 — 3 = 9 — 6.

61. *La Cour.*

Intérieur de la cour d'une habitation rustique, dans un site des environs de Marseille. Deux paysans y conversent auprès d'une haie, et vis-à-vis de deux tonnelles.

Sep. — *Pay.* — 7 — 6 = 11.

62. *Les deux ponts.*

Vallée ornée vers la gauche, de constructions rustiques, baignées par une rivière, et auxquelles on arrive par deux ponts, dont l'un formé par des planches, et l'autre en pierre et d'une seule arche ; des villageois y passent ; des montagnes voilent tous les points de l'horizon.

Sep. — *Pay.* — 8 — 6 = 12.

63. *Le Châtaignier.*

Site désert au milieu d'une forêt où repose une mare d'eau pluviale, et où s'élève un gros châtaignier.

Sep. — *Pay.* — 8 — 3 = 12.

64. *La mare.*

Chemin tournant, aboutissant à une mare d'eau pluviale, stagnante au pied d'un énorme rocher. Un pâtre y garde deux vaches.

Sep. — *Pay.* — 11 — 1 = 8 — 9.

65. *Maison isolée.*

Maisonnette isolée au milieu d'un bois et attenant à un parc fermé par une porte rustique en planches ; une femme y est assise, un paysan s'en éloigne, un petit ruisseau baigne le premier plan.

Sep. — *Pay.* — 7 — 9 = 10 — 3.

66. *La Solitude.*

Au bas d'un site montagneux s'élève une fabrique ombragée par quelques massifs d'arbres de différentes espèces. Un paysan assis sur les ruines d'un mur et près d'une mare, se repose des fatigues d'une longue route.

Sep. — *Pay.* — 8 — 3 = 10 — 10.

67. *Le Bouvier.*

Site montagneux de la Suisse arrosé par une rivière qui coule entre des rochers sous un pont d'une arche attenant à un chalet. Un bouvier y conduit deux bœufs. On distingue à l'horizon des monts sourcilleux dont la cîme est couronnée de neige.

Sep. — *Pay.* — 7 — 3 = 10 — 7.

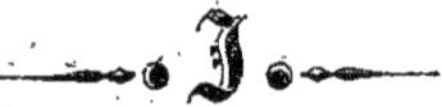

M. JACOTET.

68. *La Messe.*

Intérieur d'une église catholique au moment du saint sacrifice. Tous les fidèles réunis autour d'une chapelle latérale entendent la messe dans le recueillement. A droite on distingue l'entrée du chœur.

Aq. — *Arch. et Fig.* — 6 — 9 = 9 — 9.

M. JOLY.

69. *Cascade naturelle.*

Au milieu d'une masse de rochers voilés en partie par des arbustes et des pins sauvages, une chute d'eau naturelle s'échappe en cascade et vient répandre ses eaux écumeuses sur une partie du premier plan.

Sep. — *Pay.* — 13 = 9 — 10.

70. *Le Dîner sur l'herbe.*

Intérieur d'un bois que plusieurs sociétés sont venues visiter. Les unes y font des parties d'ânes ; d'autres y jouent à différens jeux, tandis qu'un groupe assis sur le premier plan fait honneur à une collation étalée sur l'herbe.

Sep. — *Pay. et Fig.* — 9 — 6 = 12 — 10.

71. *Le Calvaire.*

Vue du Calvaire à Domo d'Ossola. Un pauvre est à la porte dn couvent et un moine adresse la parole à une pourvoyeuse arrêtée devant lui.

Sep. — *Pay.* *et Arch.* — 10 — 3 = 13.

72. *Moulin à scie.*

Vue d'un moulin à scie pris dans la Gemnie.

Sep. — *Pay.* — 9 — 3 = 12 — 3.

73 *Le grand ravin.*

Site pittoresque pris dans la Gemnie ; il est coupé par un ravin traversé par un pont rustique.

Sep. — *Pay.* — 8 = 11.

74. *Une Étude.*

Etude de forêt claire dont le terrain est âpre et montueux. Un chasseur la parcourt précédé de son chien.

Sep. — *Pay.* — 7 — 6 = 10 — 6.

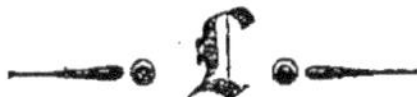

M. LAPITO.

75. *La Vallée.*

Riche vallée arrosée par une rivière alimentée par une source qui s'échappe des montagnes et forme cascade naturelle vers la gauche. Divers chemins pratiqués sur plusieurs points, conduisent au sommet des monts couverts de végétation et ornés de constructions anciennes. Un pâtre garde des moutons dans un pré. Deux paysans se reposent sur le premier plan.

Tab. — Pay. — T. — 12 = 15.

76. *Les Pécheurs.*

Intérieur d'une forêt hérissée de rochers et traversée par une rivière qui serpente au loin et dans laquelle deux pêcheurs ont jeté un filet qu'ils s'efforcent de retirer. On aperçoit un vieux pâtre sur l'autre rive. Un ciel nébuleux répand sur le site une faible clarté.

Tab. — Pay. — T. — 12 = 15.

M. LECOMTE (Hypolite).

77. *Le Retour.*

Un jeune soldat de retour dans sa patrie s'est arrêté aux approches de son village et s'est assis sur un tertre de gazon au tournant d'un chemin sablonneux. Des paysannes lui indiquent l'habitation paternelle et lui donnent des détails sur sa famille. On distingue à droite des villageois qui descendent la côte en toute hâte pour revoir le nouveau venu.

Aq. — Fig. et Pay. — 6 — 6 = 8 — 6.

78. *Les Cuirassiers.*

Deux cuirassiers à cheval conduisant des prisonniers russes, traversent un village; l'un d'eux, resté en arrière, reçoit d'une jolie paysanne un verre de vin qu'elle lui verse.

Aq. — Pay. et Fig. — 6 — 8 = 8 — 10.

79. *L'Ambulance.*

Un chariot chargé de soldats blessés et malades descend une montagne, conduit par un charretier qui s'arrête un moment pour causer avec un paysan. On aperçoit vers la droite, au bas de la côte, le clocher et les maisons du village voisin.

Aq. — Fig. et Pay. — 4 — 9 = 6 — 10.

80. *Les Grenadiers.*

Un détachement de grenadiers à cheval passe dans un chemin creux à travers la campagne. Une paysanne qui garde des bestiaux dans la plaine s'approche sur le bord du chemin pour voir passer la troupe.

Aq. — Pay. et Fig. — 6 = 8 — 2.

81. *Les Cosaques.*

Des enfans groupés autour d'un feu qu'ils ont allumé en pleine campagne, sont surpris par un détachement de Cosaques qui s'avance vers eux.

Aq. — Pay. et fig. — 4 — 10 = 7.

LEPRINCE (Xavier).

82. *Propos galans.*

Intérieur d'un logis villageois où une jeune fille assise devant un rouet suspend son travail rustique pour répondre aux discours galans d'un jeune homme qui les lui adresse ; elle paraît sourire et prendre la chose comme une plaisanterie.

Tab. — Fig. — T. — 15 = 12.

83. *Le Tireur de Cartes.*

Intérieur d'un réduit rustique où une jeune villageoise est venue consulter un tireur de cartes. Celui-ci, assis dans un fauteuil sur le dos duquel une chouette est perchée, étend sur la table le jeu obligé et y lit l'avenir.

Tab. — Fig. — T. — 15 = 12.

84. *Charrette de Foin.*

Des faneurs se reposent dans une plaine, après avoir chargé de foin une charrette attelée de deux forts chevaux. Le charretier s'entretient avec un vieux berger gardien d'un fort troupeau de moutons qui retourne au village dont on aperçoit la première maison ombragée par différens massifs d'arbres. On distingue à gauche de jolis lointains.

Tab. — Pay. et Fig. — 12 = 15.

85. *Le débarquement.*

Après avoir traversé une rivière qui serpente vers la droite, un bateau vient d'aborder; des villageois en sortent avec des paniers et des sacs qu'ils chargent sur une brouette. A gauche sur une route sablonneuse, des bestiaux, des voitures sont en marche et passent devant trois pauvres qui causent sur le premier plan.

Tab. — Pay. et Fig. — T. — 12 = 15.

M. LESAINT.

86. *Le Sonneur.*

Intérieur d'une église de campagne aux approches d'un baptême. Une sage-femme porte l'enfant; le sonneur agite la cloche auprès des fonds baptismaux dont la grille est ouverte. On n'attend plus que le ministre de la religion pour consommer le premier sacrement.

Tab. — Arch. — T. — 15 = 12.

87. *Le Confessionnal.*

Intérieur d'une église. Un prêtre s'achemine vers un confessionnal où l'attendent quelques femmes. Des enfans entrent dans le temple par une porte latérale.

Tab. — Arch. — T. — 15 = 12.

88. *La Bénédiction.*

Intérieur d'une église catholique, où un prêtre, assis dans une stalle gothique, donne sa bénédiction à une jeune fille qui reste agenouillée devant lui. La mère, placée dans la demi-teinte à quelque distance, observe la scène.

Tab. — Arch. — T. — 12 = 9.

89. *L'Abbaye.*

Ruines d'une ancienne abbaye ouverte sur un port de mer. Un vieux pêcheur s'y est assis pour raccommoder ses filets; il cause avec une pourvoyeuse qui vient de lui acheter du poisson. On distingue dans l'éloignement quelques bâtimens voguant à pleines voiles, et un bateau à vapeur arrivant au port.

Tab. — Arch. — T. — 12 = 9.

90. *Une Ruine.*

Ruines d'un temple catholique ouvert sur la campagne, et où coule une fontaine qui répand ses eaux dans une auge, et de l'auge sur le terrain où elle forme une mare. Deux femmes y viennent puiser de l'eau; un chien s'y abreuve.

Tab. — Arch. — T. — 15 = 12.

91. *Les Prisonniers.*

Intérieur d'un château gothique servant de prison. Deux malfaiteurs, dont l'un est enchaîné au pied d'un escalier, y expient leurs crimes ou y attendent leur supplice. Un geôlier les surveille.

Tab. — Arch. — T. — 12 = 9.

92. *La Prison.*

Intérieur d'une salle gothique qui paraît servir de prison. Le geôlier adresse la parole à un paysan couvert d'une blouse et qui a posé un cruchon à terre pour lui répondre.

Tab. — Arch. — T. — 12 = 9.

Mme. LESAINT.

93. *Le Panier de Cerises.*

Intérieur d'un Cellier où reposent des tonnelles, des futailles, des baquets, paniers, outils, échalas, cordes, vases divers, etc. Une paysanne examine un Panier de Cerises que lui apporte un petit paysan, couvert d'une blouse et coiffé d'un chapeau de paille.

Tab.— Fig. et Nat. morte. — T. — 9 = 12.

94. *Le Cellier.*

Intérieur d'un Cellier, auquel on arrive par un escalier. Divers ustensiles rustiques accrochés et répandus çà et là parmi des fruits et du laitage, sont exploités par une ménagère qu'on y voit portant un pot de terre.

Tab. — Arch. et Fig. — T. — 9 = 12.

—• M •—

M. MALBRANCHE.

95. *Effet de Neige.*

Première maison d'un village qu'on aperçoit au lointain. Un vieux chasseur retourne au logis; des villageois poursuivent leur route en divers sens. La neige couvre les arbres et le terrain. Tout se ressent du deuil de la nature.

Tab. — Pay. — T. — 12 = 15.

96. *L'Hiver.*

Effet de neige à la sortie d'une bourgade sur une plaine immense, au bout de laquelle on aperçoit le clocher du village voisin. Un vieux chasseur et quelques villageois transis garnissent le premier plan.

Tab. — Pay. — T. — 12 = 15.

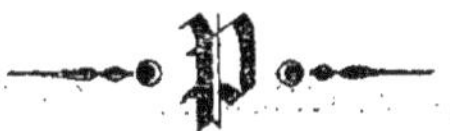

M. PERNOT.

97. *Ruines du Lac.*

Vue d'un grand lac au milieu des montagnes de l'Ecosse, et au bord duquel s'élèvent les restes d'une église gothique, consistant en un seul mur, percé de six ogives, couvertes de végétation. Un pâtre assis sur un monticule répond aux questions d'un voyageur couvert d'un manteau.

Tab. — Pay. — 12 = 15.

98. *Le son de trompe.*

Ruines d'une église au milieu d'un lac, dans un site de l'Ecosse, à l'effet d'un soleil couchant. Un soldat écossais, armé d'une pique, s'avance sur le rivage pour y donner un son de trompe.

Tab. — Pay. — T. — 12 = 15.

99. *Site de l'Ecosse.*

Vue prise à Lanark en Ecosse. Site montagneux, hérissé

de sapins, et orné de vieux châteaux lointains. Des soldats écossais, du temps de Rob-Roy, conversent ensemble.

Sep. — Pay. — 8 — 9 = 12 — 3.

100. *La Foudre.*

Etendue de pays sous un ciel orageux. Le vent souffle avec violence, l'éclair sillonne la nue, et la foudre éclate et tombe non loin des ruines d'un antique ermitage, que le solitaire offre pour abri à un couple villageois.

Sep. — Pay. — 7 — 7 = 10.

101. *Ruines du Château.*

Ruines d'un vieux château sur le bord d'un lac, environné de hautes montagnes. Un pâtre écossais s'y repose. Une barque se dirige vers le rivage, et les oiseaux rampant sur la surface de l'eau, annoncent un temps de pluie, que l'état du ciel confirme.

Sep. — Pay. — 7 = 9 — 5.

102. *Bâle.*

Vue prise d'aprés nature daus l'ancien évêché du canton de Bâle en Suisse. Deux chalets sont construits sur le bord d'un lac, environné de montagnes.

Sep. — Pay. — 7 — 6 = 10 — 9.

103. *Le Matin.*

Les premiers rayons du soleil enflamment l'horizon, et éclairent un site de l'Ecosse, baigné par les eaux d'un lac, sur lequel est un pont de trois arches, attenant à des ruines. Deux chasseurs se reposent sur la lisière d'un bois.

Sep. — Pay. — 7 — 9 = 10 — 3.

104. *Un Château.*

Vue du château de Tabeneck sur les bords du Rhin. — Deux villageoises se sont arrêtées dans un chemin creux pour y jaser.

Sep. — *Pay.* — 8 — 9 = 7.

105. *Ruines.*

Ruines du château de Linlithgow, où naquit Marie Stuart. Effet de clair de lune sur un site de l'Ecosse.

Dess. — *Pay.* — 6 = 8 — 5.

106. *Le Soir.*

Campagne baignée par un lac, qui s'étend vers la droite, et sur lequel un batelier guide son bachot. Un voyageur, accompagné d'un enfant, quitte le rivage pour entrer dans un chemin tournant. Il salue une statue gothique élevée à un saint personnage.

Sep. — *Pay.* — 7 — 8 = 9 — 10.

107. *Kenilworth.*

Etude d'après nature des ruines du château de Keuilworth, en Ecosse.

Sep. — *Pay.* — 5 — 3 = 7 — 2.

108. *La Tour du Lac.*

Les eaux d'un lac baignent le pied d'un vieux castel qui tombe en ruines, et que domine une tour carrée ; une haie en planche en ferme l'entrée jusqu'au rivage, qui est garni d'arbustes. Quelques figures animent le premier plan.

Sep. — *Py.* — 7 = 9 — 9.

109. *La Pointe de Terre.*

Un grand lac traverse un site de l'Ecosse, orné de ruines gothiques sur l'une et l'autre rive; à gauche une pointe de terre, supportant les restes d'une colonne, s'avance dans les eaux qu'elle sépare. Quelques figures de pâtres, et des barques mâtées animent cette vue, placée sous un ciel nébuleux.

Sep. — *Pay.* — 8 — 6 = 11 — 9.

110. *Les bords du Lac.*

Un lac partage en deux parties un site de l'Ecosse. A droite une ruine s'élève encore au pied de hautes montagnes. A gauche, est un chemin riverain, flanqué de rochers, couvert d'arbustes. Deux soldats écossais se reposent au pied d'une vieille colonne gothique.

Sep. — *Pay.* — 8 — 5 = 11 — 9.

111. *La Clyde.*

Vue d'une partie et des bords de la Clyde, dans le royaume d'Ecosse. Ce fleuve, couvert de barques, est environné de collines boisées, et de rochers, flanqués de constructions diverses. Une vieille cabane tombe en ruines sur la droite.

Sep. — *Pay. et Mar.* — 7 — 6 = 10.

112. *La Hutte.*

Vue des bords de la Clyde, en Ecosse. Elle supporte plusieurs barques mâtées qui voguent en vue d'un rocher praticable, et flanqué de constructions. A l'extrême droite est une hutte en ruines et couverte en chaume.

Sep. — *Pay. et Mar.* — 7 — 6 = 10 — 3.

113. *Le Marécage.*

Vue d'un marécage, pris à Oxford, d'où l'on aperçoit la

cathédrale. Les approches du soir jettent sur ce site une teinte sombre.

Sep. — Pay. — 7 — 6 = 9 — 3.

114 *Les Bords du Rhin.*

Restes d'un vieux château construit jadis sur les bords du Rhin. Des soldats y ont allumé du feu ; l'un d'eux est placé en sentinelle à quelque distance du port. Effet de lune.

Sep. — Pay. — 7 — 9 = 10 — 6.

M. PETIT.

115. *Environs de Crespy.*

Vue prise aux environs de Crespy, département de l'Oise. Une villageoise guidant un enfant, parcourt un chemin tournant bordé d'une haie et longeant des habitations rustiques. A droite, une prairie où paissent des moutons gardés par un berger. Plus loin, du linge étendu à l'ombre de quelques arbres et près d'une cabane.

Tab. — Pay. — T. — 12 = 15.

116. *La Rigole.*

Vue d'un site du département des Basses-Pyrénées prise à Saint-Mamel, où l'on remarque une scierie ; les eaux des montagnes arrivent au moyen d'une rigole dans une rivière guéable au bas de laquelle sont un pêcheur et une villageoise.

Tab. — Pay. — T. — 12 = 15.

R

M. RENOUX.

117. *L'Église.*

Intérieur d'une église de campagne où deux femmes sont en prière, tandis qu'une autre se dispose à en sortir.

Tab. — Arch. — T. — 12 = 9.

118 *La Prière.*

Une station religieuse élevée dans une vallée suisse, reçoit la prière d'un groupe de villageoises assistées d'un vieillard. Plus loin, une plaine où paissent des moutons, et bornée à l'horizon par des montagnes boisées.

Tab. — Pay. et Fig. — T. — 15 = 12.

119. *La Génuflexion.*

A l'entrée d'une ruine gothique donnant sur un bois touffu, deux dames de qualité se prosternent devant l'image de la Vierge dont le mur est décoré. Un chevalier, accompagné de deux autres dames, les observe par une ogive à gauche.

Tab. — Arch. et Pay. — T. — 12 = 15.

120. *La Statue.*

Entrée d'un monastère donnant sur la campagne. Un seigneur, qui en visite les ruines, questionne un paysan sur l'origine d'une statue antique et mutilée qu'il voit sur son passage et devant laquelle il s'est arrêté.

Tab. — Arch. — T. — 12 = 9.

121. *Le Four à Briques.*

Campagne riante sur les bords de la mer prise aux environs du Havre, où l'on remarque un four à briques. Des ouvriers, couchés sur l'herbe, se reposent de leurs travaux.

Aq. — *Pay.* — 7 — 7 = 13 — 3.

122. *L'Ecluse.*

Vue du canal de l'Ourcq, près Moret, département de Seine-et-Marne. Un pont à une écluse le traverse. Des bateaux chargés de tonnelles y sont amarrés. Un roulier y guide une grosse voiture, et un pâtre y chasse un troupeau de moutons.

Aq. — *Pay.* — 7 — 10 = 13 — 3.

123. *Environs du Havre.*

Vue d'un four à briques bâti sur une hauteur aux environs du Havre. Un chemin sablonneux borde la mer qui occupe la gauche. Des bateaux voguent; des matelots parcourent la route, et des ouvriers se reposent sur l'herbe.

Aq. — *Pay.* — 7 — 7 = 13 — 3.

124. *Visite aux Ruines.*

Une dame de qualité visite les ruines d'un temple gothique; elle est guidée par son écuyer qui lui indique le chemin. L'entrée libre laisse apercevoir un échappé de paysage boisé.

Aq. — *Arch.* — 8 = 5 — 6.

125. *Les Arcades.*

Intérieur d'un monument gothique ayant issue sur deux cours conduisant d'arcades en arcades dans une campagne riante. Deux villageoises s'y sont arrêtées.

Aq. — *Arch.* — 6 — 1 = 4 — 7.

M. RICOIS.

126. *Reichenbach.*

Vue de la grande cascade de Reichenbach, du canton de Berne, en Suisse. Deux voyageurs placés au-dessous la contemplent avec admiration. Une villageoise y lave du linge.

Tab. — *Pay.* — *T.* — 15 = 12.

127. *L'Embarcation.*

Vue du pont d'Unterlachen, dans le canton de Berne. Il est jeté sur une rivière ornée, sur ses deux rives, de hautes montagnes et de prairies. Deux voyageurs et une paysanne s'approchent du rivage, et une nacelle couverte, garnie d'une voile, gagne le large, portant une société en partie de plaisir. Un chalet ombragé de grands arbres s'élève sur l'extrême droite.

Tab. — *Pay.* — *T.* — 15 = 20 — 6.

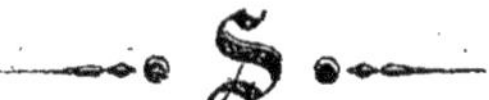

M. SIMÉON FORT.

128. *La Charrette couverte.*

Une charrette couverte parcourt un chemin tournant conduisant au bas d'un fleuve environné de montagnes. Des massifs d'arbres occupent presque tous les points du site. On remarque vers la droite et sur une éminence de terrain une vieille tour ruinée.

Aq. — *Pay.* — 6 — 4 = 8 — 7.

129. *L'Echelle.*

Ferme isolée sur le bord d'un chemin vicinal, et vue extérieurement. Une échelle, placée à la fenêtre du grenier, a servi au garçon pour aller prendre de la paille et du foin. Le fermier, arrêté sur le premier plan, gourmande un enfant indocile.

Aq. — *Pay.* — 7 — 6 = 10.

130. *Le Faucheur.*

Restes d'un moulin à Délémont, en Suisse. Un faucheur y aiguise sa faulx pour couper l'herbe haute qui croît sur un monticule.

Aq. — *Pay.* — 6 — 8 = 9 — 4.

131. *Petit Moulin.*

Petit moulin à eau attenant à des écluses qu'on vient de lever, et d'où l'eau s'échappe avec violence; un pêcheur y jette une ligne. Différens bouquets d'arbres ombragent les habitations.

Aq. — *Pay.* — 6 — 3 = 8 — 9.

132. *Le Vieux Pont.*

Vue prise sur la route de Saint-Cloud au bas d'Auteuil. Une petite voiture s'y est arrêtée pour faire descendre un voyageur, tandis qu'un jeune élégant galoppe sur un cheval. Un bouchon attient au vieux pont situé sur la route.

Aq. — *Pay.* — 10 — 7 = 9.

133. *Le Bord de l'Eau.*

Une rivière serpente dans un paysage boisé, orné d'une seule construction et d'un pont de pierres composé de trois arches.

Une paysanne en charge une autre de linge qu'elle a blanchi, tandis qu'un villageois se repose sur l'herbe, et qu'un voyageur descend au bord de l'eau.

Aq. — *Pay.* — 7 — 2 = 10 — 2.

134. *Moulin isolé.*

Moulin construit sur le bord d'une rivière, et dont les eaux retenues par des écluses longent les bâtimens d'une ferme. On remarque sur la rive un pêcheur et une blanchisseuse.

Aq. — *Pay.* — 8 — 3 = 11 — 2.

135. *La Nappe d'Eau.*

Cascade naturelle formant nappe d'eau; elle aboutit sur les premiers plans qu'elle baigne. Son cours est arrêté par des parties de rocs dont le site abonde au-dessous de deux cabanes construites en bois, et vis-à-vis d'un amas de rochers couverts de mousse et d'arbrisseaux.

Aq. — *Pay.* — 8 — 6 = 11 — 4.

136. *La Scierie.*

Vue d'une scierie à Grellingen sur la Boise, dans le Jura. Une chute d'eau, qui a brisé ses digues, vient grossir une rivière sur laquelle des pêcheurs jettent leurs filets.

Aq. — *Pay.* — 8 — 1 = 11 — 2.

137. *Environs de Paris.*

Un chemin tournant longeant à gauche un monticule boisé et bordé à droite par des massifs d'arbustes conduit aux bords de la Seine qui serpente dans un site riant des environs de Paris. Un cheval chargé, des femmes et des villageois font halte au bas de la route.

Aq. — *Pay.* — 9 — 3 = 12 — 6.

138. *Le Cavalier.*

Paysage coupé par une rivière que traverse un pêcheur dans sa barque, à l'ombre de deux bouquets d'arbres et à l'aspect de deux habitations. A droite, sur un chemin de traverse, un cavalier fait l'aumône à un pauvre.

Aq. — *Pay.* — 6 — 1 = 8 — 5.

139. *La Cascade du Chalet.*

Une chute d'eau s'échappe du haut des rochers couverts d'arbustes, et dont l'un est surmonté d'une ruine. L'onde écumeuse vient se répandre sur le premier plan, en baignant le pied d'un chalet. A gauche, un lac environné de montagnes, et sur le devant, trois figures suisses.

Sep. — *Pay.* — 8 = 10 — 9.

140. *La cabane.*

Vue d'un lac dominé par de hautes montagnes. Une cabane de pêcheurs s'élève sur le premier plan, à l'ombre d'un arbre touffu. Quelques figures y circulent, une barque y vogue au lointain.

Sep. — *Pay.* — 6 — 6 = 8 — 9.

141. *Bougival.*

Vue prise à Bougival. Un escalier rustique en pierre conduit au bord d'un ruisseau qui passe sous une arche grillée, et qui baigne le mur d'une propriété bourgeoise.

Sep. — *Pay.* — 11 = 8 — 9.

142 *L'usine.*

Une rivière qui serpente au lointain, répand ses eaux jusque sur le premier plan d'un paysage où s'élève une usine. Un cheval de tirage y attend sa charrette.

Sep. — *Pay.* — 8 — 6 = 11 — 9.

143. *Le moulin de Delémont.*

Vue d'un moulin à eau prise à Delémont, dans l'ancien évêché de Bâle. Deux villageois s'y rencontrent et y conversent.

Sep. — *Pay.* — 6. — 6 = 8 — 6.

144. *Issue de forêt.*

Sortie d'un bois sur une vallée baignée par une rivière qui serpente au loin. Un voyageur descend la côte boisée, tandis qu'un pâtre garde deux chèvres à l'ombre d'un bouquet d'arbres.

Sep. — *Pay.* — 8 — 6 = 11 — 10.

145. *Les ifs.*

Au pied d'un énorme rocher, couvert de végétation et surmonté d'une ruine dans l'une de ses parties, coule une chute d'eau, et s'élève une cabane en bois. Des paysans y sont arrêtés à gauche. Deux ifs croissent sur un terrain pierreux. Au fond, une campagne riante offrant l'aspect d'une vallée suisse.

Sep. — *Pay.* — 7 — 8 = 10 — 8.

146. *Moulin de la Rochette.*

Site pittoresque pris d'après nature au moulin de la Rochette, dans la vallée du Doubs.

Sep. — *Pay.* — 7 — 10 = 11 — 2.

147 *La ravin.*

Entre deux massifs de rochers se joignant par un pont en pierre d'une seule arche, coule un ruisseau dans un ravin profond : la rive droite est ornée d'une fortification, et la rive gauche d'un grand arbre qui porte ombrage sur le premier plan, où deux vo yageurs font halte.

Sep. — *Pay.* — 8. = 6 — 6.

M. STORELLI.

148. *Cavoretto.*

Campagne d'Italie prise à Cavoretto. A droite et sur un chemin tournant pratiqué dans des rochers, des villageois italiens s'arrêtent pour converser ; à gauche, plusieurs montées boisées et couvertes de verdure. Au bas, un ruisseau coulant à travers des prairies. L'horizon est borné par des montagnes, au pied desquelles coule une rivière, et s'élèvent divers bouquets d'arbres.

Tab. — *Pay.* — *T.* — 6 — 12 = 15.

149. *Soleil couchant.*

Sur un tertre, au bord d'un lac et à l'effet d'un soleil couchant, des pâtres, assis sur l'herbe gardent quelques moutons. L'un d'eux s'exerce sur le hautbois. On remarque sur l'autre rive d'énormes rochers, sur lesquels s'élève une fabrique.

Tab. — *Pay. et Mar.* — *T.* — 20 = 24.

T

M. TANNEUR.

150. *La grève.*

Sur une grève, pendant la basse marée, des pêcheurs déchargent leurs barques. Quelques bâtimens voguent au lointain. A gauche, un cheval est arrêté près de la porte d'un bouchon, en face de deux tonnelles.

Tab. — Arch. et Mar. — T. — 12 = 18.

151. *La frégate.*

Pleine mer légèrement agitée, sur laquelle vogue une frégate, portant pavillon rouge, et une tartane arborant le pavillon blanc.

Tab. — Mar. — B. — 10 — 10 = 18.

152. *Marine.*

Étendue de mer légèrement agitée, et sur laquelle voguent quelques barques mâtées à diverses distances. Trois barques de pêcheurs sont amarrées sur le premier plan, au moment de la marée montante.

Tab. — Mar. — T. — 12 = 16 — 10.

M. THIÉNON.

153. *Le château fort.*

Campagne d'Italie arrosée par une rivière guéable, et sur laquelle on passe, au moyen d'une planche fixée par des pieux. Sur un coteau boisé, s'élèvent encore les ruines d'anciennes fortifications flanquées de tourelles. Diverses figures de villageois ornent cette composition.

Tab. — Pay. — T. — 8 — 4 = 10 — 6.

M. ULRICH.

154. *Petite église.*

Vallée suisse, occupée par quelques chalets, en face desquels s'élève une église où les habitans se rendent pour y faire leur prière. Sur le premier plan, est un auge où deux villageois, assis en face, sont venus puiser de l'eau.

Sep. — Pay. — 8 = 11.

155. *Pont de Reichenbach.*

Autre vallée Suisse, prise du Pont de Reichenbach, canton de Berne, où passe un troupeau de vaches, guidées par un bouvier. Au loin, des chalets ombragés par des arbustes.

Sep. — Pay. — 7 — 7 = 10.

156. *Pleine Forêt.*

Intérieur d'un bois où passe une femme portant un fagot, et précédée d'un enfant.

Sep. — Pay. — 8 = 6.

157. *La Chaumière.*

Site villageois, baigné par un ruisseau, qui forme marre, en face d'une Chaumière, pris à Pierrefonds, et attenant à un petit bois, fermé par une haie.

Sep. — Pay. — 8 = 11.

158. *Un Pont.*

Site rocailleux et désert, traversé par un pont, que passent des villageois. Une rivière poursuit son cours à travers des aspérités de rocs, parmi lesquels croissent des herbages et des arbustes.

Sep. — *Pay.* — 6 — 1 = 8 — 11.

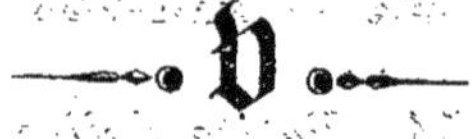

M. VILLENEUVE.

159. *Le Grand Pont.*

Village Suisse, construit sur des rochers, et coupé par un torrent, sur lequel est un grand pont, d'une seule arche, communiquant d'un quartier à un autre.

Sep. — *Pay.* — 10 — 4 = 7 — 6.

W

M. WATELET.

160. *Moulin de la Prairie.*

Au bord d'une grande prairie coule une rivière, et tourne un moulin à eau, ombragé par un massif d'arbres. Un pont en bois et charpente fort élevé sert de communication d'une montagne, à gauche, aux greniers du moulin. Les eaux, contrariées, forment cascade, et viennent baigner le premier plan, occupé par une blanchisseuse qui cause avec un pauvre.

Tab. — *Pay.* — *T.* — 12 = 15.

161. *Le Pont de bois.*

Paysage riant et boisé coupé par une rivière qui serpente au lointain et vient baigner le premier plan, et passer sous un pont rustique construit en bois. Ce pont communique d'un chemin pierreux à un sentier sablonneux conduisant au sommet d'une montagne, plantée d'arbres. A gauche, une verte prairie où paissent des vaches, non loin d'une cabane en bois bâtie sur pilotis et servant de moulin.

Tab. — *Pay.* — *T.* — 12 = 15.

FIN.

ARTS

www.ingramcontent.com/pod-product-compliance
Ingram Content Group UK Ltd.
Pitfield, Milton Keynes, MK11 3LW, UK
UKHW021000220726
13924UKWH00002B/810

9 782019 952679